AF264166

DE LA NÉCESSITÉ

D'UN

PROGRAMME UNIQUE

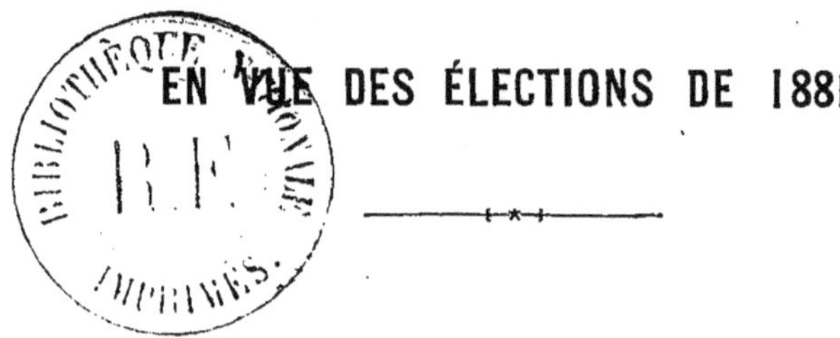

EN VUE DES ÉLECTIONS DE 1881

—·[*]·—

CONFÉRENCE FAITE A BOURG-SAINT-ANDÉOL (ARDÈCHE)

LE 21 SEPTEMBRE 1880

Par M. Félix BONNAUD

PARIS

JEANMAIRE, ÉDITEUR

32, RUE DES BONS-ENFANTS, 32

—

Plusieurs d'entre vous ont bien voulu m'engager à vous entretenir de quelque sujet ayant trait à la situation actuelle. Je m'estime heureux, me retrouvant parmi vous, de répondre à leur appel, et de traduire ma première pensée, qui fera l'objet de cette conférence, par ces mots : L'UNION FAIT LA FORCE.

Voilà une devise dont nous avons grandement à tenir compte, nous républicains. Je me propose de vous dire en quoi, à mon avis, elle peut nous être le plus utile en ce moment, et par quels moyens il y aurait lieu de la mettre en pratique.

Unissons-nous en vue des élections de 1881.

Comment?

Par un programme général, commun, devant servir de drapeau au Peuple, comme emblème de la République progressive, en opposition avec la République stationnaire, qui ne diffère de la Monarchie que par le nom, et qui, si nous n'y prenons garde, risque de nous faire glisser sur la pente des abîmes.

Or, ne nous payons pas de mots, allons au fond des choses.

La République ne peut vivre que par le progrès incessant. Réformes politiques, réformes sociales, tel doit être notre mot d'ordre. Pour donner un corps à ce qui est dans les aspirations des masses, indiquons d'une manière positive, catégorique, ce que nous croyons être le désir, la volonté de la Nation, en circonscrivant toutefois la liste des réformes à ce qui est actuellement praticable, sauf à poser plus tard de nouveaux jalons dans la voie à poursuivre, et ainsi de suite, au fur et à mesure des améliorations accomplies.

A part les vieux partis monarchistes, qui tendent de plus en plus à disparaître, le pays, on peut le dire, se trouve aujourd'hui partagé en deux grands courants : la République bourgeoise ou opportuniste, la République populaire ou progressive.

Bien que cette appellation d'*opportuniste* me paraisse mal appliquée, l'à-propos ne devant jamais être perdu de vue en politique, je l'emploie ici néanmoins, parce que dans le langage d'aujourd'hui, elle désigne une fraction de l'opinion républicaine, cette fraction qui se résume et s'incarne, pour ainsi-dire, dans une personnalité, M. Gambetta.

Ce système d'expédients, l'Opportunisme, dirigé par un homme habile, c'est précisément pour le combattre au nom des principes, qu'il faut lui oppo-

M. Gambetta, quoi qu'on dise, n'a jamais eu de programme démocratique, il n'a eu que des semblants de programmes, dont le vague ne peut donner satisfaction qu'aux esprits superficiels.

Cependant, son influence est considérable, et, grâce à son apparent libéralisme, grâce surtout à la grande position qu'il a su se ménager, aux moyens dont il dispose, il concentre à merveille les efforts de ses adhérents. Il prépare de longue main, d'une manière adroite, active, persévérante, un règne de prétendu juste-milieu pour la République, comme on avait créé, sous Louis-Philippe, un prétendu juste-milieu pour la Monarchie.

Eh bien, mes amis, en présence de ce ralliement, qui, au préjudice du grand nombre, s'opère autour d'une individualité puissante, formons, nous aussi, notre faisceau, non autour d'un homme, mais sur le terrain des idées semées par notre grande Révolution française.

Notre salut est là, là seulement. Il faudrait être aveugles pour ne pas voir que, sans entente préalable, sans concert, la Démocratie n'obtiendrait, au jour des élections, — comme cela est arrivé, hélas ! trop souvent, — que des avantages spécieux, éphémères, transformés le lendemain en cruelles déceptions.

Donc, à la discipline des hommes-liges, comme j'ai déjà eu occasion de le dire autrefois, opposons l'organisation, la discipline des hommes libres, avec un but bien déterminé.

Ce but, le moyen d'y atteindre, je les indiquais il y a douze ans, aux approches des élections de 1869, parce que, prévoyant la chute de l'Empire, je sentais le besoin de l'union pour préparer l'avènement de la Démocratie. La presse s'empara de l'idée, la discuta sous toutes ses faces, et il y eut un commencement d'exécution, le moment venu. Ce ne fut toutefois qu'une ébauche. Mais la tendance subsiste, il faut la favoriser, la faire aboutir. J'y reviens avec le même dévouement, avec une infatigable persévérance.

Voici en quoi consiste le projet.

Quelques citoyens, les plus connus dans la Démocratie radicale, prendraient l'initiative de rédiger un programme-manifeste, et forts de l'appui des journaux dont ils auraient l'adhésion, le publieraient périodiquement, de manière à ce qu'il pénétrât de plus en plus dans les masses populaires, ainsi préparées à l'avance à l'exercice de la souveraineté.

Le manifeste pourrait être présenté, par exemple, sous la forme que voici, et contenir, sauf examen et délibération, bien entendu, les articles qui suivent, et que je vous demanderai la permission de développer un à un.

ALLIANCE POPULAIRE

Pour les Élections de 1881.

COMITÉ D'INITIATIVE DES RÉPUBLICAINS-SOCIALISTES

Les citoyens soussignés, pénétrés de l'importance capitale que doivent avoir les élections législatives de 1881, et désireux, en vue de ces élections, de rallier dès à présent toutes les forces vives de la Démocratie française, au moyen d'un programme commun, ont pris l'initiative de le formuler, et l'ont adopté, dans les dispositions suivantes, à l'unanimité.

Ils le présentent aux électeurs comme mandat à soumettre, dès la période électorale ouverte, à l'acceptation préalable des candidats, avec recommandation expresse de ne désigner en définitive, parmi les acceptants, QUE DES HOMMES DONT LE PASSÉ GARANTIT L'ENGAGEMENT.

Le présent programme, ou mandat, sera publié, avec les lignes qui précèdent, en tête des journaux adhérents de Paris et des départements, tous les dimanches jusqu'à l'époque desdites élections [1].

1° **Abolition du Sénat.**

De même qu'un homme à deux têtes serait une monstruosité, de même une République démocratique affublée d'un Pouvoir législatif coupé en deux présente l'aspect le plus anormal, et ne peut fonctionner que par soubresauts.

---

1. Je prie les journaux de Paris qui partageraient l'idée de cette Alliance de vouloir bien m'aider dans ma tâche. L'importance du but à atteindre m'est un garant que, s'il se produit quelques dissentiments, ils seront facilement aplanis par la bonne volonté qu'il y a lieu d'apporter en un pareil sujet. Je m'estimerais heureux du concours des feuilles suivantes, dont l'entente ainsi manifestée, provoquant l'adhésion générale, aurait, on n'en doute pas, une incalculable portée :

Le Citoyen,	*La Justice,*	*Le Mot d'ordre,*	*La Vérité.*
La Commune,	*La Lanterne,*	*Le Petit Parisien,*	

Lorsque, en 1871, j'ai connu le résultat des élections qui ont enfanté l'Assemblée dans un jour de malheur, je me suis dit : cette Assemblée va faire trois choses principales. Premièrement, nommée pour traiter seulement des conditions de la paix, ce qui est l'affaire de quelques séances, elle se perpétuera plusieurs années, pour s'ériger plus tard en Constituante ; puis, elle instituera un Sénat ; ensuite, elle créera une Présidence pour la République, mettant ainsi un double obstacle au développement de tout progrès politique et social.

Vous le savez, citoyens, c'est ce qui est arrivé. Tous les Monarchistes réunis ont voté pour un Sénat, favorisés d'ailleurs dans leurs vues par Thiers, et par celui, — que nous connaissons bien, — qui saluait dans cet avènement d'un Sénat le Grand Conseil des communes de France. Ce système des deux Chambres, que Thiers comparait poétiquement aux deux roues d'une charrette, croyant avoir fait là une belle trouvaille, ce système est tellement absurde, que je croirais abuser de votre attention en vous démontrant ceci autrement que par l'empressement mis par les réactionnaires de toutes les nuances à nous gratifier d'un pareil engin.

2° **Modification du pouvoir exécutif de la République,** *à instituer d'une manière conforme à cet amendement proposé, en 1848, par M. Jules Grévy : « L'Assemblée nationale délègue « le Pouvoir exécutif à un citoyen qui reçoit le titre de Président « du Conseil des Ministres. — Le Président du Conseil des « Ministres est nommé par l'Assemblée nationale à la majorité « absolue des suffrages. — Élu pour un temps illimité, il est « toujours révocable. »*

Je ne perdrai pas non plus mon temps à vous expliquer ce qu'il y a d'illogique, pour un État républicain, dans un Pouvoir Exécutif dont les conditions d'existence en font un rival du Pouvoir légistatif, ou souverain. On l'a dit souvent, tandis que celui-ci est la tête, l'autre n'est ou ne doit être que le bras.

Le 21 septembre 1792, lors de la proclamation de notre première République, — dont nous saluons aujourd'hui même le glorieux anniversaire, — les Représentants, soucieux avant tout de conserver intact le principe de la Souveraineté du Peuple, repoussèrent avec énergie l'idée de tout pouvoir, quelle qu'en fût la dénomination, qui pourrait lui porter ombrage.

C'est pour ne pas avoir tenu en assez sérieuse considération ce principe fondamental, que la Constituante de 1848, dans sa fameuse séance du samedi 7 octobre, repoussant la proposition de M. Grévy, institua la Présidence dans dé cette époque, entre les mains de Louis-Napoléon Bonaparte, et nous prépara, bien aveuglément, vingt ans de despotisme.

La Présidence actuelle est établie, en principe, c'est-à-dire d'après les lois dites constitutionnelles, dans des conditions bien plus défavorables encore que celles qu'avait déterminées la Constitution de 1848. C'est là un grand péril, un très grand péril.

Vous pensez bien que la personnalité de M. Grévy n'est pas ici en jeu. Non-seulement c'est un honnête homme, c'est, ainsi que j'avais occasion de le signaler en 1868, lors de sa rentrée dans la vie politique comme député, c'est, dis-je, — s'il m'est permis de me citer moi-même, — un républicain sincère, ennemi du faste, du bruit, de l'éclat, et que ses antécédents désignaient aux suffrages de ses concitoyens.

Mais, c'est l'institution elle-même qui est en contradiction avec les principes démocratiques, et je ne puis m'empêcher de vous rappeler à ce sujet les paroles prononcées, l'année dernière, par M. Louis Blanc, dans son mémorable discours de Marseille :

« Laissez-moi me défier des institutions dont la valeur dépend du carac« tère d'un homme. L'homme s'en va, la chose reste. Contre la haute fonction
« dont M. Jules Grévy est investi, ce que j'invoquerai, c'est la haute intelli« gence de M. Grévy lui-même. Rappelez-vous qu'il doit en partie sa fortune
« politique à son célèbre amendement de 1848. Si cet amendement eût été
« adopté, nous n'aurions pas eu un Président de la République qui s'est
« nommé Louis-Napoléon Bonaparte, et plus tard, un Président de Répu« blique qui se nomme de Mac-Mahon. Jeux étranges de l'histoire ! M. Jules
« Grévy se trouve avoir été élevé à la Présidence pour avoir admirablement
« prouvé qu'il n'en fallait pas ? »

Quelles plus solides opinions pourrais-je vous présenter contre la Présidence que celle du Président lui-même, et celle de l'illustre historien si familier avec les principes proclamés par la Révolution française ! Opinions de deux hommes qui ont, d'ailleurs, l'un et l'autre, reconnu la nécessité de modifier la Constitution de 1875, dont il est ici question.

3° **Scrutin de liste par départements** *pour l'élection des Députés à l'Assemblée nationale, seule représentation de la souveraineté du Peuple.*

Ce mode d'élection paraît être préférable au scrutin uninominal, aujourd'hui pratiqué. Mais, il faut reconnaître que, s'il a quelques avantages sur celui-ci, il est désirable, dans tous les cas, qu'il soit entouré de toutes les mesures propres à en assurer la sincérité. Il onvient surtout que la période électorale soit assez longue, afin que le Peuple ait le temps nécessaire pour se concerter et agir en toute connaissance dans ses déterminations.

Du reste, que la Démocratie avancée, s'organisant en corps de parti, exprime clairement sa volonté en un manifeste général, comme je le disais tout à l'heure ; qu'elle se discipline, en ce moment critique, pour susciter l'enthousiasme autour de ce symbole, écrit par le mandant, imposé au mandataire ; et les petites considérations locales disparaîtront pour faire place, sur tout le territoire de la République française, à un élan vraiment national, quel que soit le procédé de l'élection.

Toucher à ce sujet, mes chers concitoyens, à l'heure même où s'ouvre dans notre département la période d'une élection législative, je ne saurais le faire sans rappeler à votre souvenir le regretté M. Gleizal, le seul député de l'Ardèche qui, partisan de l'amnistie plénière, ait constamment appuyé, — soit dit à sa louange, — cette grande et généreuse mesure.

4°, La commune s'administrant elle-même *pour ce qui est essentiellement communal, ne relevant de l'autorité centrale que pour ce qui touche aux intérêts généraux.*

Quand une loi conforme à 'esprit démocratique aura agrandi et bien déterminé les attributions des conseils municipaux, quand les fonctionnaires, dans chaque spécialité, ainsi qu'il va être indiqué ci-après, pourront être élus, soit par l'Assemblée communale, soit directement par la population, le problème contenu dans ces mots, — Centralisation et Décentralisation, — sera résolu ; la commune ainsi rendue à la liberté sera le plus solide appui de l'Etat, expression de la Confédération générale, et les réformes de toute nature se produiront avec d'autant plus de facilité, qu'elles n'auront qu'à suivre le mouvement de l'opinion publique.

5° Election des fonctionnaires, comme des conseillers de tout ordre. *Responsabilité effective. Rétribution pour tous mandats, et incompatibilité entre eux. Introduction graduelle du principe électif et temporaire dans la Magistrature. Plus d'inamovibilité.*

Qui dit Démocratie, dit élection. Et il est essentiel que la République soit démocratique, pour ne pas être l'apanage de quelques privilégiés. Il convient donc d'établir en principe le système de l'élection, à appliquer pour la généralité des emplois, les fonctionnaires devant être temporaires, responsables et révocables.

6° Education et instruction gratuites, obligatoires, laïques. — *Liberté pour toutes les religions soumises aux lois du pays, mais sans attribution de budget public pour leurs cultes, ceux-ci devant rester à la charge des croyants.*

C'est une obligation de la Société de façonner par l'Education les membres qui la composent, et ce, dans le sens le plus conforme à l'intérêt général. Mais, si la Société, ou l'Etat, doit former des hommes, des citoyens, c'est d'après les principes de la justice, de la raison, non d'après des idées dont l'intérêt social n'a que faire, et la Nation ne saurait, raisonnablement, établir une religion gouvernementale, pas plus qu'elle ne doit favoriser les divers cultes particuliers, qui, par leur nature, c'est-à-dire au point de vue des croyances, sont étrangers au pouvoir civil.

Donc, respect à la religion entendue comme fraternité, philosophie, morale sociale, excluant la superstition, la crédulité aveugle, l'hypocrisie, la tromperie. — Liberté, mais non budget d'Etat, pour les clergés des diverses églises.

7° Simplification des codes et des procédures. Suppression de tous les frais de justice.

Que de lois, remplies d'obscurité, de contradictions, la Monarchie, et, après elle, la République formaliste, ont amoncelées, favorisant ainsi l'arbitraire à la place de la justice. Les réformes communales, l'enseignement républicain partout répandu, aboutiront forcément à la suppression d'une masse de lois préjudiciables ou inutiles.

Et quant à la gratuité de la Justice, elle est également indispensable par les raisons de la plus simple équité. Qui de nous n'a eu occasion de maudire les formalités sans fin, les dépenses souvent ruineuses, les courses, les ennuis de toutes sortes, auxquels donne lieu le moindre différend? N'est-ce pas le cas de rappeler la fable *le Pot de terre et le Pot de fer?* Il dépend de nous de faire cesser un pareil état de choses dans l'exercice de la justice, et de donner désormais un démenti à l'apologue en établissant la complète gratuité. Cela peut paraître difficile. Mais il n'y a qu'à le vouloir avec persévé-

8° **Abolition de la peine de mort.**

Il est certain que l'adoucissement des mœurs qui résultera de la pratique bien entendue du régime républicain, nous amènera à supprimer ce terrible châtiment. Pour moi, j'appelle de tous mes vœux le jour où la loi le remplacera par une disposition qui permettra au coupable de s'amender, et de réparer, dans la mesure du possible, la faute commise.

9° **Service militaire obligatoire.** *Réduction de ce service à trois ans, avec abolition du volontariat, en attendant la formation d'une milice nationale remplaçant l'Armée permanente.*

Malgré les grands progrès accomplis depuis quelques années sous ce rapport, il reste encore beaucoup à faire. Espérons que la proposition Laisant, qui réduit le service à 3 ans et abolit le volontariat, sera adoptée dans la session prochaine, et qu'ensuite à l'armée permanente succédera la milice, sans laquelle un peuple doit toujours craindre pour sa liberté.

10° **Liberté individuelle,** *garantie contre les abus de pouvoir, et impliquant, entre autres mesures à prendre, l'abolition du livret et du passeport. — Liberté de la parole. — Liberté de la presse; suppression du cautionnemeut des journaux. — Droit de réunion et d'association.*

Il n'y a qu'une liberté, que la déclaration des droits de l'homme a admirablement définie : « La liberté est le pouvoir qui appartient à l'homme d'exercer à son gré toutes ses facultés ; elle a la justice pour règle, les droits d'autrui pour bornes, la nature pour principe, et la loi pour sauvegarde. »

Cependant, comme elle est multiple dans ses manifestations, on a l'habitude de dire : Liberté individuelle, liberté de la parole, liberté de la presse, etc., d'après l'aspect sous lequel on a à la considérer. Mais, il est clair que la liberté réelle de l'individu implique les autres, et que le citoyen qui en jouit peut, au moyen de la parole, des écrits, de la peinture, etc., émettre sa pensée, comme il peut, par d'autres moyens appropriés, donner satisfaction à ses autres besoins, soit physiques, soit moraux et intellectuels. C'est dire que toutes les libertés se tiennent. Est-il besoin de vous en citer des exemples ?

Je vous parle en ce moment. Si la loi consacre ce droit naturel, voilà la sibilité de se réunir ? Nous sommes ici assemblés dans un but commun, qui est de nous entretenir de nos droits et de nos devoirs civiques, comme ce pourrait être pour un autre objet. Si la loi consacre cette liberté, celle-ci n'est efficace qu'autant que la parole est libre. De même pour les autres applications du principe, applications que vous pourrez facilement imaginer par analogie, ce qui me dispense de m'étendre davantage sur ce sujet.

Mais, la loi nous garantit-elle aujourd'hui l'usage de ces manifestations diverses ?

Non, citoyens, nous ne sommes que tolérés, et, — pour nous en tenir au droit de parler et à celui de se réunir, — si l'administration avait voulu y mettre obstacle, nous aurions dû, vous et moi, céder au bon plaisir de l'administration. Heureusement que nous avons affaire ici à un personnel administratif franchement républicain, ce dont nous devons le féliciter, tout en le remerciant.

Toutefois, comme il a été dit tout à l'heure, l'homme s'en va, la chose reste.

Les lois relatives à la liberté individuelle, etc., sont, si je ne me trompe, à peu près les mêmes depuis le commencement de ce siècle. Eh bien, voyez quelles différences peuvent se produire dans l'application, suivant les temps. Tandis qu'aujourd'hui, de par la bonne volonté de l'administration locale, nous pouvons nous réunir paisiblement et parler de la chose publique, un fait me revient à la mémoire. — Quelques-uns parmi vous se le rappelleront peut-être aussi. — En 1849, un jeune électeur, pour avoir, en pleine période électorale, du haut du balcon de l'Hôtel-de-Ville, engagé ses amis, en termes chaleureux mais convenables, à voter pour le candidat républicain, Carnot, en remplacement de Pierre Bonaparte, démissionnaire, cet électeur, dis-je, fut appréhendé peu de temps après sans mandat, au milieu de sa famille, jeté en prison, traîné par la gendarmerie dans la direction de Privas, puis, relâché en route pour cause d'arrestation illégale, il n'en comparut pas moins, six mois après, devant la Cour d'Assises... qui l'acquitta à l'unanimité.

Ce fait caractérise l'odieux arbitraire de cette époque ; ce sont des pratiques de ce genre qui ont préparé et amené l'abominable coup d'État du Deux-Décembre 1851.

Or, en l'absence de lois réellement protectrices de la liberté, en l'absence de toute responsabilité sérieuse d'agents qui pourraient se livrer impunément aux plus criants abus, réclamons à grands cris des lois qui nous assurent, sans conteste, la liberté intégrale.

11° **Suppression des titres nobiliaires.**

Ceci, de nos jours, n'est qu'une bagatelle. Mais, si les nobles d'autrefois coûterait-il beaucoup à leurs successeurs nominaux de répéter ce mot de de Noailles : « Anéantissons ces vains titres, enfants frivoles de l'orgueil et de la vanité ! »

Dans tous les cas, un régime démocratique ne peut permettre de pareilles distinctions. Supprimons-les.

12° **Rétablissement du divorce en faveur de la dignité du mariage.**

Dès que la Restauration, installée avec l'appui de l'Etranger, procéda aux mesures rétrogrades, elle ne manqua pas d'y comprendre, sous l'influence du parti clérical, alors tout puissant, la loi du 8 mai 1816, et elle dit : « Le divorce est aboli. »

Sous Louis-Philippe, il a été sur le point d'être rétabli, grâce à l'iniative de quelques esprits libéraux. L'intervention du clergé se reproduisant encore, la proposition n'eut pas de suite.

Mais, sous un régime qui doit avoir la moralité pour base, sous la République, il faut dissiper les préjugés répandus contre le divorce, le présenter sous son vrai jour, et l'inscrire de nouveau dans la loi, afin de permettre aux époux désunis de chercher le bonheur dans une nouvelle association conjugale.

13° **Suppression des Contributions indirectes, des Octrois, du péage des ponts.** *Abolition progressive du Système des douanes, rendue possible par la réalisation de réformes économiques intérieures, dans le sens de l'association. — Impôt unique (sur le capital ou sur le revenu), et assurance universelle.*

En France, le système des contributions présente les inégalités les plus choquantes. Ce sont surtout les contributions appelées indirectes qui doivent être l'objet de nos plus vives réclamations. Les octrois et les douanes sont un reste du vieux régime, dont la Société contemporaine doit s'appliquer à faire disparaître les derniers vestiges.

Le tout est à remplacer par un impôt unique, sur le capital ou sur le revenu. Je ne veux pas me prononcer pour l'une ou pour l'autre de ces bases, la question de l'impôt étant très complexe. Mais, quel que soit celui des deux modes que l'on adopte, il approchera toujours plus d'une proportionnalité

Toutefois, en ce qui concerne les douanes, il y a lieu de faire une réserve, qui repose sur une question de temps.

S'il est possible d'abolir immédiatement les octrois, il est juste de reconnaître que les tarifs douaniers ne peuvent être supprimés que d'une manière graduelle, au fur et à mesure que s'accompliront les réformes intérieures, la seule sauvegarde sérieuse des intérêts nationaux vis à vis des intérêts étrangers.

La grande querelle entre libres-échangistes et protectionnistes, sur le terrain étroit où elle se produit, pourrait donc se prolonger indéfiniment sans recevoir de solution. En principe, les premiers seraient dans le vrai. Mais, isolant le problème des douanes, au lieu de le rattacher aux autres problèmes économiques avec lesquels il a une nécessaire connexité, les partisans du libre-échange immédiat ou prochain risqueraient, par la mise en pratique intempestive de leur théorie, d'opérer en notre pays un désastreux bouleversement industriel.

Pour détruire les barrières du Protectionnisme, le Libre-échange doit se résoudre à favoriser, au-dedans, tout ce qui tend à développer, par l'Assurance mutuelle, le principe de solidarité.

14° **Rachat des chemins de fer au profit de la nation.**

La Chambre des Députés a nommé, l'année dernière, une Commission de 33 membres pour s'occuper de cette question. 32 sont favorables au rachat, et même à l'exploitation des chemins de fer par l'État, c'est-à-dire que la Chambre est presque unanime sur ce point. — Mais, à quand la discussion ? — Et le Sénat, partagera-t-il le même avis ?

15° **Banque de France** *à organiser comme institution populaire.*

C'est aujourd'hui la Banque du haut commerce. Pour qu'elle soit digne de son nom, elle doit être transformée en véritable établissement d'utilité publique, fonctionnant dans l'intérêt du pays, en s'appuyant sur un vaste système de mutualité.

16° **Liberté du travail par l'association du travail avec le capital,** *afin que la* CHOSE *réponde au* MOT, *et amène la transformation pacifique du salariat dans l'Agriculture, l'Industrie, etc.*

Voilà la question la plus importante, la question du travail. Elle comprend toutes les autres, et les domine toutes. C'est vraiment la *Question sociale.*

Les grands et généreux esprits qui ont porté leurs investigations sur l'ensemble des moyens à employer pour notre régénération, ont tous remarqué cette marche ascendante des conditions du travail à travers l'histoire : esclavage, servage, salariat. Les deux premiers termes ont fait leur temps. Nous sommes au régime du salariat. Quel mode va lui succéder dans un temps plus ou moins prochain? Vaste problème. Il ne peut être résolu que progressivement, pacifiquement, avec le concours de tous, avec l'action, en particulier, des hommes de bonne volonté que l'amour du progrès inspire, et avec l'appui de la République démocratique.

Car, sachez-le bien, citoyens, la République ne serait qu'un vain mot, si elle restait étrangère ou indifférente à une pareille transformation. — « Séparez la question politique de la question sociale, disait Godefroi Cavaignac, « vous tuez révolutionnairement la première. — Si la Démocratie, ajoutait-il, « n'était rien de plus qu'une *légalité* nouvelle, une forme officielle à la place « d'une autre ; si la Démocratie ne devait pas être l'initiateur hardi et intelli-« gent de l'égalisation sociale, nous ne donnerions pas un centime pour voir « toutes les dynasties du monde lui faire place. »

La vérité est que ces deux questions s'enchevêtrent en quelque sorte l'une dans l'autre, et qu'elles ne progressent qu'en marchant de pair. Ainsi, éducation, liberté, travail, pouvoirs publics, administration, armée, impôt, institutions de crédit, tout cela est à la fois politique et social, et, à ce double titre, réclame impérieusement notre attention, nos efforts, notre persévérance.

Étudier ces questions séparément, les réunir ensuite afin de les envisager dans leur ensemble, nous unir nous-mêmes pour les faire prévaloir, sur le terrain qu'elles déterminent, tel doit être notre objet, en opposition à ceux qui veulent rester dans le vague du présent, ou nous ramener en arrière.

17° **Amélioration du régime des Colonies** *non par de simples décrets, mais par des lois appropriées, en harmonie avec celles de la Métropole, et qui, exécutées par des fonctionnaires élus, resserreraient les liens qui unissent nos concitoyens d'outre-mer à la mère-patrie.*

Dans de telles conditions, nos colonies seraient prospères. L'émigration, principalement vers l'Algérie, prendrait des proportions considérables. L'État pourrait céder de vastes terrains à des travailleurs qui s'organiseraient d'après les données de la saine économie sociale, pour l'exploitation agricole, à combiner, du reste, avec les travaux industriels.

Nos établissements coloniaux deviendraient ainsi des foyers de progrès

18° **Fraternité et solidarité morale** *entre nations, comme entre citoyens, en vue de la formation future des États-Unis d'Europe.*

C'est la conséquence du principe démocratique et républicain. Nous ne voulons pas de guerre, et, si nous sommes d'avis que la Nation entière soit armée actuellement, ce n'est pas pour provoquer les autres Puissances, mais pour nous tenir sur la défensive, en attendant d'être en mesure d'exiger le désarmement général.

Le moment en est peut-être plus proche qu'on ne le pense.

Les hommes sont-ils des loups pour s'entre-dévorer? ou bien sont-ils des frères qui doivent vivre en frères?

Tels sont, mes chers concitoyens, et l'exposé de ce que je crois être dans l'intérêt du plus grand nombre, et les moyens destinés à amener le triomphe de ces idées.

Ainsi que je l'ai dit en commençant, je les propose à l'examen, aux délibérations des hommes éminents auxquels leur situation permet de prendre avec efficacité l'initiative d'une semblable entreprise.

Je les propose, en particulier :

1° Aux députés républicains socialistes, c'est-à-dire progressistes.

2° A l'union syndicale ouvrière de Paris.

3° Aux journaux sympathiques qui voudraient bien seconder cet Appel, en le répétant d'après une période à déterminer.

Les dispositions sont prises pour qu'il soit donné suite à ce projet dès la rentrée des Chambres, et je n'épargnerai, quant à moi, dans ma modeste sphère, aucun effort, aucun sacrifice, pour le faire aboutir.

Car, je le répète en terminant, l'union fait la force; nous serions bien maladroits ou bien coupables de ne pas mettre cette maxime en pratique, quand il s'agit des plus graves intérêts du peuple.